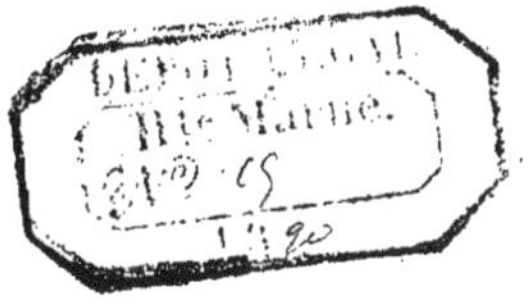

DE LA

RESPONSABILITÉ

DES

CHAMBRES SYNDICALES

D'AGENTS DE CHANGE

FAITS DE CHARGE — TRANSMISSION D'UN OFFICE

PAR

Ed. BADON-PASCAL

AVOCAT,

MEMBRE DE LA SOCIÉTÉ D'ÉCONOMIE POLITIQUE

PRIX : 1 FRANC

PARIS

18, RUE SAINT-MARC, 18

1890

LE DROIT FINANCIER

3ᵉ ANNÉE. — PARAIT LES 5 ET 20 DE CHAQUE MOIS

Administration et Rédaction : 18, rue Saint-Marc.

Recueil de jurisprudence des valeurs mobilières fondé en 1888 par M. Ed. Badon-Pascal, avocat, membre de la Société d'économie politique de Paris.

PRIX DE L'ABONNEMENT :

France et Algérie : un an.	16 francs
Pays de l'Union postale.	18 »
Autres pays étrangers	20 »
Un numéro	1 »
Annonces, la page	50 »

On s'abonne chez tous les principaux libraires de France et de l'étranger et dans tous les bureaux de poste sans augmentation de prix, ou bien en envoyant un mandat sur la poste dont le talon servira de quittance.

OUVRAGES FINANCIERS

PUBLIÉS PAR M. ED. BADON-PASCAL

Des marchés à terme. — Étude pratique au point de vue légal et financier. (3ᵉ édition) grand in-8, 1878. . . . . 5 fr.

La crise de la Bourse (1882), causes, remèdes, in-8. . . . . 1 fr.

Agent de change, banquier, changeur. — Leur rôle et leur responsabilité dans la négociation des valeurs, in-8. . . . . 1 fr.

Le monopole des agents de change. — *Valeurs cotées.* — *Valeurs non cotées.* — *Art. 76 du Code de commerce,* in-8. . . . . 1 fr.

Les syndicats financiers (1888). . . . . 1 fr.

Des droits des obligataires (1888) . . . . 1 fr.

DE LA RESPONSABILITÉ

DES CHAMBRES SYNDICALES

D'AGENTS DE CHANGE

FAITS DE CHARGE. — TRANSMISSION D'UN OFFICE

DE LA

RESPONSABILITÉ

DES

CHAMBRES SYNDICALES

D'AGENTS DE CHANGE

FAITS DE CHARGE — TRANSMISSION D'UN OFFICE

PAR

Ed. BADON-PASCAL

AVOCAT,

MEMBRE DE LA SOCIÉTÉ D'ÉCONOMIE POLITIQUE

PRIX : 1 FRANC

PARIS

18, RUE SAINT-MARC, 18

1890

DE LA RESPONSABILITÉ

DES CHAMBRES SYNDICALES

D'AGENTS DE CHANGE

FAITS DE CHARGE. — TRANSMISSION D'UN OFFICE

Le Tribunal de commerce de la Seine a rendu, le 6 janvier
1890, un jugement qui condamne la Chambre syndicale des
agents de change, en fonction en 1888, à indemniser M. Liénard, client de Bex, agent de change, de la perte qu'il avait
subie par suite de la déconfiture de cet agent.

Ce jugement a été approuvé par ceux qui veulent que la
garantie solidaire soit la conséquence du monopole, et désap-
prouvé par ceux qui savent : 1° que les chambres syndicales d'a-
gents de change, de notaires, d'avoués, d'huissiers, etc., ne commettent de faute que si elles n'observent pas les prescriptions
de la loi, et 2° que, comme chambres de discipline, elles ren-
dent des décisions dont elles ne sont pas responsables vis-à-
vis des tiers.

Le jugement contient trois choses distinctes dont les principes n'ont pas été suffisamment définis et que nous traiterons
dans l'ordre suivant :

1° *Faits de charge.* — 2° *Transmission d'un office d'agent
de change.* — 3° *Responsabilité des chambres syndicales.*

§ 1. — Fait de charge.

Le fait de charge est un acte produisant une créance qui
résulte d'une faute commise par un agent de change dans
l'exercice de ses fonctions obligatoires. Cet acte est garanti
par le cautionnement déposé au Trésor, avec une affectation
spéciale à cet effet.

La loi du 28 mars 1885 a consacré cette garantie par son article 4 ainsi conçu : « Chaque agent de change est responsable de la livraison et du payement de ce qu'il aura vendu et acheté. Son cautionnement sera affecté à cette garantie ».

Cette loi du 28 mars n'a fait que renouveler le privilège sur le cautionnement établi par l'article 12 de l'arrêté du 29 germinal an IX ; par l'article 13 de l'arrêté du 27 prairial an X, et par l'article 1ᵉʳ de la loi du 25 nivôse an XII qui décide que les cautionnements fournis par les *agents de change, les courtiers de commerce, les avoués, greffiers, huissiers* et les *commissaires-priseurs*, sont comme ceux des *notaires* (art. 23 de la loi du 25 ventôse an XI) affectés par premier privilège à la garantie des condamnations qui pourraient être prononcées contre eux par suite de l'exercice de leurs fonctions.

Ainsi l'agent de change a un monopole qui lui est concédé par l'article 76 du Code de commerce et les tiers lésés ont un privilège sur son cautionnement. Rien de plus, rien de moins. Il faut ajouter que ce privilège s'étend à toutes les opérations qui ont pour objet les achats et les ventes de valeurs cotées tant au comptant qu'à terme (1), si toutefois le fait de charge n'a pas été dénaturé par un acte ou une négligence du client, mais il ne comprend pas le prix de la charge, attendu que les privilèges sont de droit étroit et ne peuvent s'étendre à des objets non prévus par la loi.

La créance qui provient d'un report constitue-t-elle un fait de charge ? En principe oui, mais, dans l'espèce, le syndic des agents de change prétend que le report ayant été fait à des cours supérieurs aux cours cotés n'est pas régulier et ne constitue pas un fait de charge, d'autant plus que Liénard avait constamment négligé de prendre livraison de ses titres (2). Le Tribunal de commerce n'a pas admis ce moyen, et il a examiné

---

(1) Depuis la loi du 28 mars 1885, l'exception de jeu n'est plus admise.

(2) La question est délicate, il est certain que l'agent qui fait des reports au-dessus des cours cotés, manque à ses règlements professionnels, il n'opère certainement pas sur le marché, comme on le verra pour l'espèce actuelle. Le client doit le savoir et si on faisait ses reports au-dessous des cours cotés, il saurait bien réclamer. Nous aurons probablement l'occasion de discuter cette question, et aussi d'examiner si le client qui laisse ses titres dans la caisse de son agent de change, alors que les délais de livraison sont expirés ne fait pas une confiance personnelle à son agent.

quellé était, dans cette affaire, la responsabilité de la Chambre syndicale.

§ 2. — Transmission d'un office d'agent de change.

Les attributions des agents de change ont été déterminées par des lois et des ordonnances très anciennes. Ainsi un édit de Louis XIV, en date de décembre 1705, charge les agents de change « de contribuer à soutenir les finances et faire fleurir le commerce ». A ces attributions aussi vagues que pompeuses était attaché un avantage : ceux qui exerçaient les fonctions d'agent de change ne dérogeaient pas à la noblesse.

La loi du 17 mai 1791 supprima tous les privilèges et par suite les offices d'agent de change. Le privilège fut rétabli par la loi du 28 vendémiaire an IV, et la loi de finance du 28 avril 1816, en augmentant le cautionnement des agents de change, les autorisa à présenter leurs successeurs.

L'article 4 de l'ordonnance du 29 mai 1816 renouvela l'article 21 de la loi du 27 prairial an X, il est ainsi conçu : « Les agents de change qui voudront disposer de leurs charges seront tenus de faire agréer provisoirement leurs successeurs par la Chambre syndicale qui *exprimera son adhésion motivée*, et les présentera au ministre des finances, chargé de les *agréer définitivement*, pour être, sur sa proposition, nommés par le chef de l'État ».

L'article 1ᵉʳ du décret du 1ᵉʳ octobre 1862 décide que « les agents de change ne peuvent user de la faculté de présenter leurs successeurs qu'en faveur des candidats qui ont obtenu préalablement l'agrément de la Chambre syndicale de la Compagnie et avec lesquels ils ont traité des conditions de leur démission par un acte soumis au Ministre des finances et approuvé par lui ».

L'article 2 exige que le titulaire produise un certificat d'aptitude et d'honorabilité signé par les chefs de plusieurs maisons de banque et de commerce.

L'article 3 décide que la présentation des candidats par la Chambre syndicale doit être accompagnée de la démission du titulaire, du traité passé avec lui et des pièces établissant que les conditions prescrites par les articles 1 et 2 ont été remplies.

Enfin l'article 5 du dernier règlement des agents de change (1870) a établi un mode d'enquête. « Le nom du candidat est affiché dans le cabinet de la Bourse pendant quinze jours. Outre l'annonce de la transmission de l'office, l'affiche, signée par le syndic, doit contenir les noms et prénoms de tous les bailleurs de fonds intéressés du candidat, avec la quotité de l'intérêt de chacun. — « Elle doit provoquer les renseignements de tous les membres de la Compagnie. Le délai de l'affiche expiré, la Chambre syndicale prononce, au scrutin secret, l'admission ou le rejet du candidat ; trois boules noires entraînent la non-admission ».

Ainsi, on le voit, si la Chambre fait l'enquête, c'est le gouvernement qui contrôle et nomme.

Tels sont les seuls textes relatifs à la matière, ils ont été observés pour la transmission de la charge Reumont à Bex, et cependant le jugement décide le contraire. Cela tient à ce que ce jugement est plutôt un exposé des motifs qu'une décision judiciaire, il pose des principes nouveaux pour en tirer des conséquences nouvelles.

En effet le jugement décide, que la Chambre syndicale aurait dû se faire présenter l'inventaire dressé à la fin de l'exercice de Reumont, qu'en ne le faisant pas, elle a commis une faute initiale d'où découle sa responsabilité.

L'erreur est manifeste. Il est bien certain que les agents de change sont astreints à des devoirs et à des obligations qui sont la conséquence de leurs droits, mais ces obligations ne sont pas arbitraires, elles sont *réglementaires*, parfaitement définies et limitées par les lois, les ordonnances et les règlements.

Il en est de même pour les Chambres syndicales, elles ne sont responsables que si le préjudice éprouvé est la conséquence directe de l'inobservation de ses obligations réglementaires. Or, d'après les textes ci-dessus elles ne doivent pas sortir de leurs attributions, et elles n'ont pas à examiner le dernier inventaire du titulaire sortant, surtout lorsqu'il n'existe aucun indice de dol ou de fraude.

Si le dernier inventaire d'un négociant a de l'importance et peut amener la découverte d'un déficit, il n'en est pas de même pour un officier ministériel qui se retire en vendant *seulement* son privilège. Aussi la liquidation de la charge se fait-elle de suite et d'une façon bien simple. Aucune marchandise n'a été vendue, il n'y a donc pas besoin de faire d'expertise. Voici comment les choses se passent :

Le dernier inventaire des associés entre eux est approuvé, comme à l'ordinaire, par les commanditaires du titulaire démissionnaire qui reçoivent le montant de leurs commandites en deniers ou quittances et en donnent décharge (1). Quant aux clients qui ont des titres ou des sommes en caisse, ils sont avisés de la transmission de la charge et mis, par suite, en demeure de reprendre leurs valeurs ou de les laisser dans la charge du nouveau titulaire qui en donne décharge à son prédécesseur. Dans tous les cas l'ancien titulaire doit avoir pour ses clients, comme pour ses associés, une décharge en deniers ou quittances.

Cela se passe ainsi et cela ne peut pas se passer autrement, attendu que la vente ne porte pas sur la propriété des associés ou des clients, mais sur le titre nu. Le fait est tellement vrai que le prix est le même pour toutes les charges, on n'a pas égard à la clientèle, parce qu'on sait bien que tant vaut l'homme, tant vaut la charge.

Telle est la règle. Rien ne faisait supposer que les choses se passeraient autrement pour la charge de Reumont. La Chambre syndicale constituée, par les traités, arbitre en cas de difficulté entre les associés, n'a reçu aucune réclamation des commanditaires de la charge, elle n'a reçu aucune plainte des clients, aucun indice n'étant venu lui dévoiler la mauvaise situation de Reumont, elle n'avait pas à aviser.

§ 3. — Responsabilité de la Chambre syndicale.

La Chambre syndicale n'a commis aucune faute au moment de la transmission de l'office Reumont, nous croyons l'avoir démontré. Aucun des nombreux intéressés n'a demandé une intervention disciplinaire.

Mais la question est plus large, le public l'a bien compris ; la Chambre doit surveiller les agents de change, c'est une de

(1) Cet inventaire a lieu forcément après la transmission de la charge et la nomination du nouveau titulaire.

ses obligations, l'a-t-elle fait? A-t-elle commis une faute grave qui engage sa responsabilité vis-à-vis des tiers?

Aux termes des articles 1382 et 1383 C. civ., il n'y a responsabilité que s'il y a faute et il n'y a faute, dans l'espèce, que s'il y a eu un manquement aux obligations réglementaires. C'est donc avec la loi seule qu'il faut définir les attributions de la Chambre syndicale.

Il n'y a qu'un texte à citer pour ces attributions, c'est l'ordonnance du 29 mai 1816, elle est ainsi conçue :

« Informés de l'insuffisance du règlement du 29 germinal an XI, en ce qui concerne les agents de change de Paris ; voulant y pourvoir, et jugeant que, pour assurer à cette Compagnie la confiance et l'estime qui doivent l'environner, il est utile de la rendre, en quelque sorte, *gardienne de sa propre considération*, en établissant dans son sein une *autorité surveillante*, composée de ses membres les plus instruits et les mieux famés ;

Sur le rapport du Ministre des finances, ordonnons ce qui suit :

. . . .

Art. 3. — La Chambre syndicale aura sur les membres de la Compagnie la surveillance et l'autorité d'une *chambre de discipline* ; elle veillera avec le plus grand soin à ce que chaque agent de change se renferme strictement dans les *limites légales de ses fonctions* ; elle pourra, suivant la gravité des cas, censurer, suspendre les *contrevenants* de leurs fonctions, et provoquer auprès de notre Ministre des finances leur destitution.

. . . .

Art. 6. — Les édits, déclarations, lettres patentes et arrêts de notre Conseil, qui déterminent les attributions des agents de change et interdisent à tout individu non pourvu de leurs offices de s'immiscer dans leurs fonctions, et tous autres règlements qui régissent actuellement la Compagnie, sont maintenus, sauf les changements et modifications que la Chambre syndicale croira nécessaire de proposer au Ministre des finances, pour être, par lui, soumis à notre approbation » (1).

(1) Cette ordonnance ne s'applique pas aux agents de change de province. En

En conformité de cet article 6 de l'ordonnance, la Chambre syndicale de Paris a proposé à l'approbation du Ministre des finances les règlements de la Chambre syndicale des 9 juillet 1822, novembre 1832, 19 mai 1845 et ceux de 1870, mais les Ministres ont toujours refusé d'approuver ces règlements qui n'ont pas de sanction légale vis-à-vis des tiers. Il n'est donc pas utile de citer le règlement de 1870, actuellement en vigueur; il a été constamment décidé qu'une chambre syndicale ne pouvait pas prononcer de peine disciplinaire contre un de ses membres en vertu d'un règlement qui n'a pas été approuvé par l'autorité compétente. — Cass. 10 décembre 1862. S. 1863. 1.78 ; Cass. 21 juillet 1874. S. 1874. 1.361 ; jugé même que les chambres qui prononcent des peines disciplinaires en vertu de leurs règlements commettent un abus de pouvoir. Cass. 11 janvier 1886. *Pand. franç.*, 1886. 1. 91. (Mariéton c. Agents de change de Lyon). — V. aussi Mollot, n°⁸ 671 et 672; Bozérian, t. 1, n°⁸ 206 et 213.

C'est donc l'ordonnance du 29 mai 1816 qui détermine seule le rôle et les attributions de la Chambre syndicale de Paris. D'après cette ordonnance la Chambre, *pour garder sa propre considération*, a la surveillance et l'autorité d'une *chambre de discipline*; elle veille à ce que chaque agent se renferme dans les *limites légales de ses fonctions.*

Il faut constater d'abord que cette Chambre est une Société civile, elle n'est pas commerçante, elle ne fait aucun acte de commerce, le Tribunal de commerce n'était donc pas compétent pour juger l'affaire Liénard. La critique du jugement du 6 janvier est d'autant plus facile qu'il a été rendu par des magistrats incompétents pour juger une chambre de discipline d'officiers ministériels.

Le même Tribunal de commerce avait rendu, le 4 mai 1874, un jugement décidant : « que la Chambre syndicale des agents de change, telle qu'elle est organisée, n'est qu'une chambre de discipline chargée principalement d'être la *gardienne des prérogatives* de l'office d'agent de change et de *l'accomplissement par chaque membre* de la corporation des devoirs de sa

entrant en fonctions, ces agents prennent l'engagement d'observer les règlements de la Chambre, mais ces règlements n'ont aucune sanction légale, la jurisprudence est constante. V. *Ruben de Couder*, § 528.

charge. Comme conclusion, le Tribunal décidait qu'une chambre de discipline n'est pas un être moral et qu'on n'a pas d'action contre elle (1).

Mais cette question est actuellement tranchée en sens contraire. La Chambre civile de la Cour de cassation a rendu un arrêt en date du 16 février 1885, qui décide qu'une Chambre syndicale est un être moral, ayant qualité pour ester en justice (Thomas c. Damour).

Il faut admettre, avec l'ordonnance de 1816, que la surveillance est obligatoire, mais elle doit être exercée avec beaucoup de précaution et sans publicité. Les pouvoirs d'une chambre de discipline ne sont pas aussi absolus qu'on le croit; pour s'en rendre compte on n'a qu'à relire l'ordonnance de 1816, il faut une extrême prudence pour exercer des attributions aussi délicates vis-à-vis d'un confrère, dans une corporation qui est tenue au secret professionnel et si on les exerçait en l'absence de tout indice sérieux, il y aurait un abus de pouvoir manifeste (2).

Peut-on considérer comme un indice sérieux l'article d'un journal allemand qui annonçait que Bex était en fuite, l'importance des sommes qu'il faisait perdre et les valeurs sur lesquelles il était engagé? Évidemment non, parce que Bex était, au su de tous, en vacances régulières, qu'il ne faisait rien perdre, à ce moment, et qu'il a été contrôlé par la Chambre syndicale, à la demande de Bex, que sa situation en valeurs n'avait rien de compromettant.

Le jugement du Tribunal trouve du reste, que la surveillance a été suffisante, sans quoi il aurait certainement relevé la négligence de la Chambre, ce qui serait venu corroborer sa décision et lui donner plus de force.

Et si cette surveillance n'a pas été exercée d'une façon efficace, cela tient peut-être aux tiers qui, comme Liénard, *faisaient des reports au-dessus des cours cotés*, reports faits, par conséquent, en dehors du marché et susceptibles d'être fictifs. C'est ce qui est arrivé dans l'espèce, puisque le jugement cons-

---

(1) *J. des Trib. de comm.* 1874. 405.

(2) Les décisions disciplinaires sont susceptibles d'être attaquées par la voie du pourvoi en cassation quand elles prononcent des peines de nature à porter atteinte à l'honneur ou aux intérêts de celui qui en est l'objet. Cass., 1er déc. 1853. S. 57. 1. 457.

tate que les Mobiliers reportés n'existaient pas en caisse.

Ainsi Liénard (comme les autres reporteurs dans sa situation) a touché un intérêt supérieur à celui qui était réellement dû, et ses reports étant fictifs, son argent n'était pas employé sur le marché, il restait à la disposition de Bex qui s'en est servi pour dissimuler aussi longtemps sa situation et tromper toute surveillance par des écritures fausses et des reports fictifs.

On croit généralement que la surveillance et l'autorité des chambres de discipline ont été constituées en faveur des tiers ; l'ordonnance du 29 mai 1816 dit le contraire.

Cette ordonnance établit, on l'a déjà vu, que, pour assurer à la Compagnie *la confiance et l'estime qui doivent l'environner*, il est utile de la rendre, en quelque sorte, *gardienne de sa propre considération*, en établissant dans son sein une autorité surveillante et en donnant à la Chambre syndicale la surveillance et l'autorité *d'une chambre de discipline*, pour veiller à ce que chaque agent se renferme dans les limites légales de ses fonctions (1).

Dans cette ordonnance il n'est nullement question des tiers, il n'en est pas davantage question pour les chambres de discipline des notaires, avoués, etc.

Le dernier règlement de 1870, actuellement en vigueur, sans avoir de sanction légale, interprète cependant bien la pensée de l'ordonnance de 1816, relativement à la non intervention des tiers. L'article 19 est ainsi conçu :

La Chambre syndicale, devant *veiller à la sûreté de la Compagnie* et à celle de chacun de ses membres, mande devant elle tout agent dont les opérations donneraient des inquiétudes à la Compagnie pour s'assurer s'il a pris toutes les précautions nécessaires pour l'exécution de ses engagements. Elle exige de lui, à cet égard, les garanties qu'elle juge indispensables, même le dépôt de valeurs dans sa caisse.

(1) La loi organique de la Bourse de Bruxelles du 27 décembre 1839 donne à la Chambre syndicale des attributions analogues, elle décide que cette Chambre est spécialement chargée de faire *observer strictement* le *présent règlement* et de veiller à ce que chaque agent *remplisse fidèlement* ses fonctions. Elle veille aussi à l'*exécution des lois et des règlements* d'administration publique en vigueur et elle signale à l'autorité administrative ou judiciaire les contraventions qui y sont commises.

On le voit, il s'agit uniquement de la sûreté de la Compagnie et de celle de ses membres. Les valeurs qui seraient déposées dans sa caisse seraient affectées aux engagements avec les confrères et non à ceux des clients (1).

Dans tous les cas les chambres syndicales agissant par voie disciplinaire ne sont pas responsables de leurs décisions vis-à-vis des tiers.

A la suite de la faillite de l'agent de change Sandrié-Vincourt, les syndics intentèrent une action en responsabilité contre la Chambre syndicale, parce qu'elle n'avait pas dénoncé les infractions commises par Sandrié-Vincourt aux devoirs de sa profession. La Cour de Paris a dit, dans son arrêt du 31 mars 1827 (2) :

« Attendu que de l'analyse des rapports des sieurs Lhuillier et Rigaud insérés dans la délibération du 12 mars 1822, on doit naturellement induire que, dès cette époque, la Chambre syndicale aurait eu connaissance que Sandrié-Vincourt se livrait à des opérations pour son compte personnel ; que néanmoins jusqu'au 18 août 1823, elle n'a pris aucune mesure de discipline, contre cette contravention et ne l'a pas dénoncé à l'autorité.

« Mais attendu que, si cette conduite de la Chambre syndicale peut être reprochable, elle ne peut servir de fondement à l'action en responsabilité intentée contre elle par les syndics Sandrié-Vincourt, parce que les chambres de discipline, par la nature même des fonctions qui leur sont attribuées et l'objet de leur institution, ne peuvent être responsables de l'inaccomplissement des devoirs qui ne leur sont imposés *qu'envers l'autorité*, sous la surveillance de laquelle elles se trouvent placées, et qu'admettre, sur l'inaccomplissement des devoirs, une action en responsabilité de la nature de celle dont il s'agit dans la cause, ce serait leur infliger des peines qu'aucune loi ni même aucun règlement n'ont prononcées » (3).

(1) La Cour d'Aix a rendu un arrêt en date du 13 novembre 1889 (*Dr. financ.* 1889, 495), qui décide qu'une chambre syndicale peut se prémunir contre l'insolvabilité d'un membre de la Compagnie en lui réclamant une couverture.
(2) V. T. Crépon, n° 297.
(3) Le jugement du 6 janvier vise ces considérants, il décide qu'une Cham-

M. Mollot (n° 687) est d'avis : « que la Chambre syndicale qui a le droit de vérifier les livres et la caisse des agents de change n'est responsable, envers qui que ce soit, des délibérations qu'elle prend contre eux par voie de discipline. Elle exerce, en cela, une véritable juridiction et chacun sait que les juges ne répondent pas plus de leurs sentences que les consultants de leurs avis (1). Il n'en serait autrement que dans le cas où la Chambre syndicale, sortant de ses attributions, se serait permis des actes attentatoires aux droits des tiers. »

Beaucoup de bons esprits s'imaginent que la garantie solidaire est la conséquence du privilège, c'est une erreur (2). Cette corrélation n'existe nulle part dans la législation. Pour s'en convaincre on n'a qu'à lire les lois et règlements relatifs aux privilégiés (agents de change, notaires, avoués, huissiers, etc.), nulle part on ne trouvera ce principe établi; par suite, jamais la jurisprudence ne l'a consacré et ne pourra le consacrer.

Quant à établir cette solidarité par un moyen détourné, c'est-à-dire en décidant que la Chambre syndicale est responsable d'un défaut de surveillance, il faut que cette responsabilité résulte d'un texte formel; or d'après l'ordonnance du 20 mai 1816 la Chambre syndicale est constituée en chambre de discipline, comme gardienne de sa considération. Les auteurs et la jurisprudence établissent qu'elle agit, en cette qualité, pour la sûreté personnelle de la corporation, et si sa responsabilité morale peut être engagée vis-à-vis de l'autorité, et vis-à-vis des confrères, ses décisions sont secrètes, ne sont pas connues des tiers qui n'ont aucune qualité pour critiquer des actes qui ont un caractère purement intérieur.

bre syndicale n'est responsable *envers qui que ce soit*, des mesures qu'elle prend ou de la surveillance qu'elle exerce. (V. *Dr. financ.*, 1890, p. 35).

(1) Les décisions des chambres de discipline sont du reste susceptibles d'appel et de pourvoi en cassation. La Cour de cassation renvoie alors devant une autre chambre, qui n'est pas plus responsable que la première. V. Cass. 18 août 1864. D. 1865. 1. 26 ; Cass. civ. 11 janv. 1886, D. P. 1886. 1. 124. (Marieton c. Steiner-Pons).

(2) Il ne faut pas croire que le fait de charge est garanti par la Compagnie, il est garanti uniquement par le cautionnement.

Nous terminons en citant la jurisprudence de la Cour de cassation qui, par trois arrêts, a nettement posé les principes relatifs à la responsabilité des chambres syndicales.

1re ESPÈCE.

COUR DE CASSATION (ch. civ).

Audience du 4 décembre 1877.

(Affaire du Transcontinental)

En 1868, la Chambre syndicale a admis à la cote les titres du *Transcontinental Memphis Pacific*, entreprise patronnée par le général Frémont. En 1870, il fut constaté que les organisateurs de l'affaire avaient employé des manœuvres coupables et sept personnes furent condamnées en police correctionnelle à des peines diverses.

Plusieurs porteurs de bons réprésentés par M. Fayolle ont intenté à la Chambre syndicale une action devant le Tribunal civil pour la rendre responsable de l'admission à la cote officielle. Le Tribunal, par jugement du 25 mars 1874, a décidé que la Chambre n'avait pas observé le décret du 22 mai 1858 et l'a condamnée à payer un quinzième des dommages-intérêts qui seront ultérieurement fixés par état, au profit des porteurs de bons de 1000 dollars.

La Cour de Paris ayant confirmé le jugement par son arrêt du 24 juillet 1875, la Cour de cassation, appelée à statuer, a rendu, le 4 décembre 1877, un arrêt aux termes duquel la Chambre est responsable, dans la proportion déterminée par le jugement, parce qu'elle n'a pas observé les prescriptions du décret du 22 mai 1858, qui ordonnait, avant l'admission à la cote, la justification que le versement de capital représenté par les actions a été intégralement effectué et que l'émission en France des obligations fut autorisée par les Ministres des finances, de l'agriculture et des travaux publics.

Dans cette espèce la Cour déclare que la bonne foi de la Chambre syndicale n'est mise en doute par personne, mais que sa responsabilité est engagée, dans une certaine proportion, par suite de l'inobservation du décret du 22 mai 1858.

2e Espèce.

COUR DE CASSATION (ch. civ.).

Audience du 4 décembre 1877.

(Affaire Sourigues)

En septembre 1869 le *Crédit foncier* a voté l'augmentation de son capital par l'émission de 60.000 actions. Les nouveaux titres étaient attribués aux porteurs des actions anciennes, à raison d'une demie action nouvelle pour chaque ancienne. La souscription devait rester ouverte jusqu'au 6 mars 1870. Il y eut, pendant plusieurs mois, des négociations sur les titres estampillés et sur ceux non estampillés. Ces derniers titres devenant tous les jours plus rares, les vendeurs se trouvaient dans une position critique pour livrer les actions.

Pour éviter un étranglement de ces vendeurs, la Chambre décida qu'au lieu d'une action non estampillée, on pourrait livrer en liquidation son équivalent, c'est-à-dire une action estampillée et une demie action. Cette mesure produisit immédiatement de la baisse sur les titres non estampillés.

Sourigues, acheteur de ces derniers titres, prétendit que la Chambre lui avait causé un préjudice par sa décision et l'assigna en dommages-intérêts. La Cour de Paris n'ayant pas fait droit à sa demande, il s'est pourvu en cassation en prétendant que la décision était illégale et entachée d'excès de pouvoir.

La Chambre des requêtes a rejeté le pourvoi, elle a décidé que la Chambre syndicale avait fait un exercice régulier de ses attributions et n'avait commis aucune faute.

Ainsi, on le voit, la Chambre, dans l'affaire du *Transcontinental* est condamnée parce qu'elle n'a pas observé ses règlements, tandis que dans l'affaire Sourigues, il a été jugé que sa décision n'était pas critiquable parce qu'elle restait dans ses attributions et qu'elle n'avait commis aucune faute. Dans ces deux affaires il s'agissait d'une question de cote.

3ᵉ ESPÈCE.

COUR DE CASSATION (Ch. des req.).

Audience du 27 mars 1882.

(Affaire Mayrargues-Echalié)

Cette affaire a une frappante analogie avec l'affaire Liénard, voici les faits :

Mayrargues, agent de change à Paris, ayant subi, en 1866, des pertes importantes, obtint de la Chambre syndicale une avance qui lui permit de conserver sa charge. Il constitua une nouvelle Société au capital de deux millions, dans laquelle il entrait pour 800.000 francs. En 1867, il vendit, sur son apport, une part de 200.000 francs à Echalié, banquier à Dijon.

Mayrargues, ayant ensuite vendu sa charge, ne put rembourser l'intégralité de la commandite d'Echalié qui réclama à la Chambre syndicale le montant de ce qui lui restait dû.

Le Tribunal civil de la Seine rendit un jugement en date du 13 mars 1878 qui débouta le demandeur de sa prétention, et la Cour de Paris confirma, en adoptant les motifs des premiers juges.

Sur le pourvoi d'Echalié, la Chambre des requêtes a prononcé un arrêt en date du 27 mars 1882, qu'il est utile de reproduire en entier, il réfute le jugement critiqué.

La Cour ; — « Attendu que le grief formulé par le pourvoi consiste en ce que la Chambre syndicale des agents de change de Paris aurait été mal à propos exonérée de toute responsabilité envers Echalié, alors que le préjudice éprouvé par ce dernier avait pour cause directe et immédiate la violation ou l'inobservation des obligations et devoirs incombant à la dite Chambre en vertu des lois et règlements ;

« Attendu que les juges du fond, après avoir précisé les faits relevés par la demande à la charge de la Chambre syndicale, ont dû apprécier leur caractère au point de vue de la responsabilité invoquée, et qu'il appartient à la Cour de cassation d'examiner si, eu égard aux faits déclarés constants par l'arrêt attaqué, c'est à bon droit que la Chambre syndicale a été considérée comme n'ayant commis aucune faute ;

« Attendu qu'il résulte de l'arrêt attaqué que, suivant les prétentions du sieur Echalié, la Chambre syndicale aurait méconnu ses obligations réglementaires sous un double rapport ; en premier lieu, en négligeant de porter à la connaissance de l'autorité la situation désespérée du sieur Mayrargues, et de forcer de la sorte ce dernier à se démettre de sa charge ; en second lieu, en permettant audit Mayrargues de constituer une Société nouvelle, sans s'assurer préalablement du versement intégral de la somme dont le titulaire devait être personnellement propriétaire dans le prix de l'office ;

« Attendu, sur le premier chef, qu'il est déclaré par l'arrêt que la situation de Mayrargues ne paraissait pas sans remède lorsqu'il a été secouru par la Chambre syndicale ; qu'il n'avait point suspendu ses paiements ; que ses embarras pouvaient n'être que passagers, et qu'il n'était point déraisonnable de croire que les avances qui lui étaient accordées, et qui n'étaient ni nécessaires, ni excessives, suffiraient pour y mettre un terme ;

« Attendu, sur le second chef, que, de l'ensemble des déclarations de l'arrêt attaqué, il résulte que le contrat du 7 novembre 1866 constatait formellement que Mayrargues avait entièrement versé la somme représentant la part qu'il s'était réservée dans la valeur de la charge ; que toutes les formalités exigées pour la reconstitution de la Société avaient été remplies ; que le traité était régulier, conformément à la loi, dans ses énonciations ; que les appuis financiers dont Mayrargues pouvait s'autoriser et les explications fournies par lui étaient de nature à convaincre la Chambre syndicale qu'il était réellement propriétaire du quart au moins du prix de l'office et du montant du cautionnement ; qu'on ne saurait imputer à cette Chambre de n'avoir pas découvert ni même soupçonné une fraude qu'aucun indice ne dénonçait à son attention ;

« Attendu, d'ailleurs, que les actes directement imputés à la Chambre syndicale n'étaient point en eux-mêmes prohibés par les lois et les règlements ; — D'où il suit qu'en décidant que la Chambre défenderesse n'avait commis aucune faute de nature à engager sa responsabilité, les juges du fond ont tiré une juste conséquence des faits par eux-mêmes souverainement constatés et n'ont violé aucune loi ; — Rejette ».

CONCLUSION.

Il résulte des textes et de la jurisprudence cités que la Chambre syndicale a deux espèces d'attributions :

1° Pour l'admission à la cote, son rôle est extérieur, elle s'adresse aux tiers, elle prend des décisions qui intéressent le public et le marché financier, elle est tenue d'observer les règlements et, en cas d'inobservation des devoirs qui lui incombent, elle peut être déclarée responsable du préjudice causé, et ce, dans une certaine proportion à déterminer.

3° Une chambre de discipline d'officiers ministériels est établie pour maintenir le bon ordre et la discipline dans la Compagnie (1), pour sauvegarder sa considération et sa sûreté personnelle, enfin pour surveiller l'exécution des lois et des règlements. Son rôle, dans ce cas, est purement intérieur, son action ne se révèle pas au public, elle n'est pas responsable de ses décisions vis-à-vis des tiers, elle n'encourt qu'une responsabilité morale vis-à-vis de l'autorité (2) et vis-à-vis des membres de la corporation, aucun texte de loi ne pose le principe de la responsabilité d'une chambre de discipline d'officiers ministériels vis-à-vis des tiers; par suite aucun arrêt n'a eu à prononcer des condamnations pécuniaires relativement à des décisions qui sont d'un ordre purement intérieur et qui ne concernent que les membres de la Compagnie dans leurs rapports personnels.

(1) V. Lyon-Caen et Renault, n° 1476.

(2) Ce principe vient d'être consacré par le décret tout récent du 30 janvier 1890 relatif au règlement des notaires. — L'article 8 édicte que les chambres de discipline des notaires sont chargées de vérifier la comptabilité des notaires, etc. et l'article 12 décide qu'en cas de manquements *graves* à ses devoirs notamment en ce qui concerne la surveillance de l'article 8, la chambre de discipline peut-être suspendue ou dissoute par arrêté du garde des sceaux.

Imp. G. Saint-Aubin et Thevenot, Saint-Dizier. 30, passage Verdeau, Paris.

Imp. G. Saint-Aubin et Thevenot, Saint-Dizier, 30, passage Verdeau, Paris.